Asien

Herausgegeben von Danielle Föllmi
Fotografiert von Olivier Föllmi

DIE WEISHEIT DER WELT

Asien

DANIELLE & OLIVIER FÖLLMI

Aus dem Französischen von Dr. Cornelia Panzacchi und Birgit Lamerz-Beckschäfer

Cao Xue Qin, Chang Tsao, François Cheng, Steve DeMasco, Taisen Deshimaru,
Meister Dogen, Ananda W. S. Guruge, Hamwol, Han Fei Zi, Hui Nan Tseu, Jo Hoshi, Keizan Jôkin, Okakura Kakuzo,
Issa Kobayashi, Konfuzius, Laotse, Liou Kia-hway, Li Qu Li, Liu Xiang, Feng Meng Long,
Meng Zi, Pu Yen-T'U, Shunryu Suzuki, Tchuang Tse, Thich Nhat Hanh, Chögyam Trungpa, Tseng Tse,
Wang Shifu, Wang Tong, Hong Zicheng

KNESEBECK

»Es ist das beste Zeitalter, es ist das schlimmste Zeitalter;
es ist das Zeitalter der Weisheit, es ist das Zeitalter der Dummheit;
es ist die Zeit des Glaubens, es ist die Zeit des Zweifels;
es ist die Jahreszeit des Lichts, es ist die Jahreszeit der Dunkelheit;
es ist der Frühling der Hoffnung, es ist der Winter der Verzweiflung;
wir begegnen tausend Dingen, und wir stehen der Leere gegenüber;
wir sind im Begriff, zum Paradies aufzusteigen,
wir sind im Begriff, zur Hölle hinabzufahren ...«

Heute sind wir dank der westlichen Kultur, die die materielle Entwicklung fördert, in der Lage, mühelos überallhin zu reisen, in herrlichen Häusern zu wohnen und ein modernes, komfor – tables Leben zu führen. Oberflächlich gesehen scheint es, als lebten wir in einem besonders glücklichen Zeitalter. Tatsächlich aber müssen wir uns in einer auf Wettbewerb ausgerichteten Gesellschaft ständig behaupten. Wir leben in der Angst vor schrecklichen Kriegen und ertrinken in einem Meer ständig neu aufkommender Wünsche – damit leben wir im peinvollsten Zeitalter der menschlichen Geschichte. In diesem Spannungsfeld zwischen materiellem Überfluss und spiritueller Not befindet sich der Mensch in einer existenziellen Krise.

Wir dürfen hin und wieder enttäuscht sein, sollten aber nicht verzweifeln – denn es liegt in unserer Macht, die alten Weisheiten wieder lebendig werden zu lassen und sie der jungen Generation zugänglich zu machen. Um eine Brücke zwischen Vergangenheit und Zukunft zu bauen, sollten wir uns auf die Spiritualität des Abendlandes und des Orients zurückbesinnen. Aus ihr können wir jene geistige Nahrung beziehen, die uns hilft, uns zu vervollkommnen und uns gegenseitig zu bereichern. Wenn wir den Austausch zwischen den beiden Kulturen fördern, können wir gemeinsam dieser großen Krise der Menschheit entgegentreten.

Als alter Mann von 90 Jahren, der viel erlebt hat, glaube ich, dass man die großen Probleme unserer Zeit – etwa Umweltverschmutzung, Mangel an Rohstoffen und Kriege – mittels einer Methode in Angriff nehmen sollte, die meiner Meinung nach universell ist und die auf einem fundamentalen Gesetz des Kosmos beruht: dem Wandel, der Veränderung!

Das Gesetz der Natur, das Dharma des Kosmos, der Kreislauf des Lebens – sie alle unterliegen dem Wandel. Weder in der materiellen noch in der spirituellen Welt existiert etwas, was sich nicht verändert. Wir müssen dieses Prinzip des Wandels begreifen und beobachten, um vorbereitet zu sein und vorausschauend handeln zu können.

Die weisen Taoisten sagen, dass wir uns im Strom des Lebens befinden und nichts anderes zu tun haben, als ihm seinen Lauf zu lassen. Jeder Versuch, den Strom aufzuhalten, ist sinnlose Energieverschwendung. Wer gegen den Strom schwimmt, ertrinkt. Außerdem sagen die Taoisten: »Folgt dem Strom des Lebens, kanalisiert ihn, und er wird euch in die richtige Richtung tragen. Ohne weitere Schwierigkeiten könnt ihr auf diese Weise aus den Dingen euren Nutzen ziehen.« All jene, die ihr Leben dem Ziel widmen, die Natur zu erhalten und der Menschheit eine bessere Zukunft zu ermöglichen, fordere ich dazu auf, dieses Prinzip des Wandels zu erkennen und entsprechende Strategien zu entwickeln.

Laotse sagte: »Am äußersten Rand der Leere angelangt und fest in der Ruhe verankert, während gleichzeitig die zehntausend Wesen entstehen, betrachte ich den Rückweg. Alle Lebewesen gedeihen. Doch nach der Blüte kehrt alles zu seiner Wurzel zurück. Die Rückkehr zur Wurzel heißt Ruhe.« Im Wandel und in der Bewegung der Dinge liegt die Ruhe. Es ist leicht, sich im Wandel zu verlieren und die Ruhe zu vergessen. Wir reiben uns durch sinnlose Aktivitäten auf und verbrauchen alle unsere natürlichen Ressourcen; wir verschwenden unsere Energie, um Überfluss und Luxus zu genießen. Wer aber körperlich und geistig gesund bleiben möchte, muss sich in der Kunst üben, in einem Zustand der Ruhe zu verharren.

Laotse fragte: »Gelingt es euch, Körper und Geist in Einklang zu bringen, so dass sie im Gleichtakt schwingen und nicht auseinander driften? Gelingt es euch, den Atem so tief und ruhig fließen zu lassen wie ein Neugeborenes?« Ja, wir müssen lernen, unsere Unruhe zu besiegen, unseren Frieden wiederzufinden und so entspannt wie ein Neugeborenes zu werden. Dazu schlage ich euch zwei einfache Methoden vor: Es existieren 90 verschiedene Meditationshaltungen. Das Wesentliche an der Meditation ist jedoch nicht die Körperhaltung, sondern der Blick nach innen; er verrät wie ein Blick in den Spiegel, was sich in unserem tiefsten Inneren abspielt. Die Meditation ermöglicht uns, zur Ruhe zurückzufinden.

Das Singen des Mantra hilft ebenfalls, zum inneren Frieden zu finden. Immer, wenn ihr den Gesang hört, kehrt ihr ganz von allein zur Ruhe zurück. Wenn ihr euch hoch oben in den Bergen oder aber in einer Wüste befindet und ein Mantra singt, steigt in euch eine Gelassenheit auf, die euch zu Tränen rührt. Dies sind keine durch Schmerz verursachte Tränen, sondern Tränen des Glücks und der Dankbarkeit. Der Körper wird sich wie eine Blüte öffnen, und eure Sorgen werden verfliegen. Dieses Glück der Einsamkeit und der Ruhe kann man sich nicht mit Geld erkaufen.

Das chinesische Wort für Leben lautet »Shan Ming«. »Shan« bedeutet all das, was das Leben enthält, »Ming« ist alles, was eine Seele besitzt. Buddha sagt: »Körper und Seele sind vereint, sind eins.« Wohin führt uns dieses »Leben«? Was sind seine Werte? Ein chinesisches Sprichwort lautet: »Das Leben ist leichter als eine Feder, der Tod ist schwerer als ein Berg.« Diese alte überlieferte Volksweisheit beeinflusst auch heute noch das Leben in Asien. Die Macht des Herrschers, Kindesliebe, Treue, Gerechtigkeit und Moral sind die Schwerpunkte der asiatischen Kultur. Wir verehren diejenigen, die ihr Leben dem Wohle der Menschheit widmen und sich für Gerechtigkeit und Frieden einsetzen. Leben und Tod können überwunden werden.

Doch leider steht der moderne Lebensstil im Gegensatz zu den alten Anschauungen. Heutzutage wird in Bildung und Erziehung vorrangig Wert auf Kenntnisreichtum und Pragmatismus gelegt; die traditionelle Kultur wird dabei verdrängt. So verbringt man oberflächlich sein Leben, ohne wahrhaft zu leben. Die meisten Menschen besitzen keine Wurzeln und keine Kultur mehr. Sie vergessen den Sinn und den Wert ihres Lebens.

In dieser Zeit der Verwirrung kämpfen wir ums Überleben und vergessen dabei, was »Leben« eigentlich bedeutet. Es ist die Aufgabe der Intellektuellen, die Menschen aus diesem Missstand zu erretten. Wir gehen in unserer Karriere auf, deren einziger Zweck darin besteht, immer mehr Geld anzuhäufen. Im I Ging bedeutet das Wort »Karriere« die Arbeit für das Volk und das Wohl des Nächsten. Wenn wir alles nur für uns selbst tun, ist unsere Arbeit lediglich eine Tätigkeit, der wir nachgehen. Wir sollten darüber jedoch niemals den eigentlichen Sinn des Lebens vergessen.

Als ich vor 20 Jahren plante, in den Ausbau des Schienenverkehrs meiner Heimat Wenzhou zu investieren, habe ich der chinesischen Regierung vier Bedingungen gestellt: »Den Kommunismus sollten wir als Utopie bewahren, den Sozialismus in der öffentlichen Fürsorge verwirklichen, die Effizienz des Kapitalismus zur Verbesserung der Wirtschaftskraft nutzen und die traditionelle chinesische Kultur stärken...« Sämtliche Gewinne waren den Dorfbewohnern entlang der Bahnstrecke zugedacht. Doch die chinesische Regierung hat das nicht akzeptiert. Ich habe dieses Geld einzig mit dem Gedanken hergegeben, etwas für das Volk zu tun, und ich habe keinen Pfennig dabei verdient. An dem Tag, an dem wir den Satz »Die Welt gehört allen« Wirklichkeit werden lassen, ohne unser Ich in den Vordergrund zu rücken, werden wir unbesiegbar sein. Meister Mo maß der technologischen Entwicklung große Bedeutung bei. Er selbst war ein Pionier der chinesischen Wissenschaft und Architektur. Sein Einsatz galt dem Wohl der Welt. Wenn irgendwo ein Krieg ausbrach, war er zur Stelle, um zu protestieren, um zu vermitteln. Sein ganzes Leben lang hat er gegen den Krieg und für die Liebe gesprochen. Ein harmonisches Miteinander war sein oberstes Ziel. Für unsere heutige Welt ist er ein leuchtendes Beispiel.

Wenn wir uns dagegen ausschließlich auf die Entwicklung der Technologie konzentrieren, werden wir in den Abgrund des Unglücks stürzen.

Es ist daher an der Zeit, Wissenschaft, Kunst und Spiritualität zu vereinen. Unser Wohlergehen hängt von der Einheit dieser drei Dinge ab, denn aus dieser Einheit entspringt Hoffnung.

Meister Nan Huai Chin hielt diesen Vortrag im Oktober 2006 im Taihu Great Learning Center in der Provinz Jiangsu.

Die Kalligraphie von Ta Thuy Chi in einer alten vietnamesischen Schrift bedeutet »Geist«.

DER WEG DES TAO

DER WEG,
DER URSPRUNG ALLER DINGE

Wer beaufsichtigt es?

Wer erhält es aufrecht?

Wer setzt es in Bewegung, ohne selbst zu handeln?

Tschuang Tse (4. Jh. v. Chr.)

Das Huang-Shan-Gebirge ist von jeher Quelle der Inspiration für die traditionelle chinesische Malerei und Literatur. China

Tao erzeugt Eins.

Laotse (6.–5. Jh. v. Chr.)

Auf dem Weg zur Arbeit verneigt sich ein Mann in Tokio vor dem buddhistischen Tempel Sensō-ji. Japan

Eins erzeugt Zwei.

Laotse (6.–5. Jh. v. Chr.)

Mitwirkender bei einem Umzug anlässlich des Jidai-Matsuri-Festes, das an verschiedene historische Epochen Kyotos erinnert, Kyoto, Japan

Zwei erzeugt Drei.
Drei erzeugt alle Wesen.

Laotse (6.–5. Jh. v. Chr.)

Lin Ke Zi, seine Frau Pinbin und ihr Sohn Xi Duo Long in Xingping, China

Durch das Eine ist der Himmel klar,

Durch das Eine ist die Erde fest,

Durch das Eine sind die Geister erhellt,

Durch das Eine werden die 10000 Wesen erzeugt.

Laotse (6.–5. Jh. v. Chr.)

Kraniche sammeln sich in den blühenden Kirschbäumen am Seeufer
beim Tsurugaoka Hachimangu-Schrein in Kamakura, Japan.

Die Ausübung ist Erwachen, das Erwachen ist ohne Ende
und die Ausübung ohne Anfang.

Meister Dogen (1200–1253)

Der buddhistische Tempel Quanfu, der 1086 gegründet und 1995 rekonstruiert wurde,
in der Stadt Zhiuzhang, China.

Die tausend rosafarbenen Blüten des Pfirsichbaums verblühen im Frühling.

Aber ihre Farbe ist unvergänglich.

Meister Keizan (1264–1325)

Die Kirschblüte markiert in Japan den Frühlingsbeginn. Während ihrer etwa zehntägigen Dauer
wird sie im ganzen Land begeistert gefeiert.

Wir müssen den Mittleren Weg finden, ohne uns der einen oder der anderen Seite zuzuneigen, sondern indem wir beide Seiten mit der Mitte in Einklang bringen.

Meister Taisen Deshimaru (1914–1982)

Sonnenuntergang an der 1,5 Kilometer langen Teakholzbrücke U Bein in Amarapura, Myanmar

Alle Dinge unter dem Himmel haben ihr Sichtbares und ihr Unsichtbares.
Das Sichtbare ist das Aussehen, das Äußerliche, das Yang. Das Unsichtbare ist das
innere Bild, das Yin. Ein Yin, ein Yang: Das ist das Tao.

Pu Yen-T'U (1644–1711)

In Yünnan macht sich ein Bauer abends nach getaner Arbeit in den überfluteten Reisterrassen
von Bada auf den Heimweg. China

So, wie das Wasser die Dinge spiegelt, ist der ruhige Geist des Weisen der Spiegel des Universums.

Tschuang Tse (4. Jh. v. Chr.)

Drei Mönche beim Spaziergang auf der Terrasse der Elefanten in Angkor, Kambodscha

Die Kalligraphie von Ta Thuy Chi in einer alten vietnamesischen Schrift bedeutet »Friede«.

VON DER UNRUHE
ZUR RUHE

Wenn wir uns von den Gedanken des Nehmens und des Ablehnens
auch nur ansatzweise frei machen können, wird alles klar vor uns in Erscheinung treten.
Unser Gewissen wird sich beruhigen, und unser Geist wird heiter sein.
Jenseits der Relativität existiert keine Zweiheit, kein Gegensatz mehr.

Meister Taisen Deshimaru (1914–1982)

Im 628 gegründeten buddhistischen Tempel Sensō-ji in Tokio, Japan

Man sollte einen großzügigen Charakter besitzen, ohne sich zu Übertreibung hinreißen zu lassen, man sollte streng, aber nicht penibel sein, sich für das Wesentliche begeistern, ohne sich einzuschränken und moralisch, aber nicht unmenschlich sein.

Hong Zicheng (17. Jh.)

Mitwirkende bei einem Umzug anlässlich des Jidai-Matsuri-Festes, das an die verschiedenen historischen Epochen Kyotos von der Heian-Dynastie (794–1185) bis zur Meiji-Dynastie (1868–1912) erinnert, Japan

Durch die Meditation übt man in jedem Augenblick die Erweckung.
Man lernt dadurch, in der Gegenwart des Alltags zu leben. Wir dürfen uns weder in der
Vergangenheit noch in der Zukunft verlieren. Der einzige Augenblick, in dem man
lebt und das Leben berühren kann, ist der gegenwärtige Moment, das Hier und Jetzt.

Thich Nhat Hanh

Ein Mann betet vor der Shwedagon-Pagode des Friedens, dem meistverehrten buddhistischen Tempel in Myanmar.

Selbst wenn unsere Worte gerecht,
selbst wenn unsere Gedanken richtig sind,
so entsprechen sie doch nicht der Wahrheit.

Meister Taisen Deshimaru (1914–1982)

Sake daru (Sake-Fässer) als Opfergabe an die Götter auf einem Friedhof, Japan

Weil sie leer ist, verbreitet die Trommel den Klang;

weil er leer ist, gibt der Spiegel die Bilder wieder.

Wang Tong

Die Glocke von Mingun ist vier Meter hoch, weist an der Öffnung einen Durchmesser von fünf Metern auf und wiegt 90 Tonnen. Myanmar

Höre auf, die verdienten Männer zu feiern,

und es wird keine Kriege mehr geben.

Beachte die seltenen Dinge nicht,

und es wird nicht mehr gestohlen werden.

Zeige nicht öffentlich das, was Begehren erregt,

und das Volk wird zur Ruhe kommen.

Laotse (6.–5. Jh. v. Chr.)

Deer neue Stadtbezirk Pudong und das Ufer des Huangpu in Shanghai, China

Tod und Leben, Beständigkeit und Zerstörung, Elend und Glanz,
Armut und Reichtum, Weisheit und Dummheit, Schmach und Lob, Hunger und Durst,
Kälte und Hitze – dies sind die Wechselfälle des Schicksals. Wer sich von ihnen
nicht beeinflussen lässt, der bewahrt sich eine unverletzte Seele.

Tschuang Tse (4. Jh. v. Chr.)

Die 26-jährige Si aus dem Dorf Hau Thao kehrt abends von der Feldarbeit heim. Vietnam

Loslassen bedeutet, das Leben als Leben zu akzeptieren – als etwas nicht Greifbares, als etwas Freies, Spontanes und Grenzenloses.

Zen-Lehre

Hirtenlager im Altai-Gebirge, Mongolei

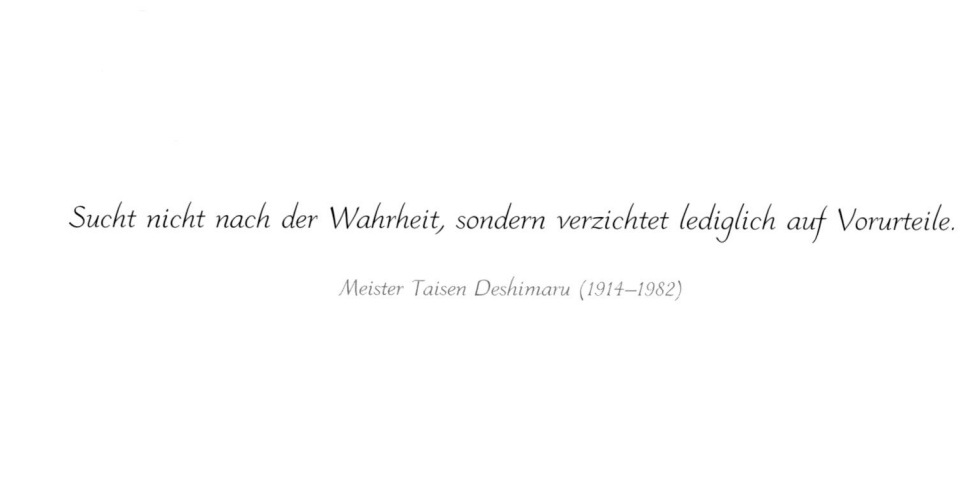

Sucht nicht nach der Wahrheit, sondern verzichtet lediglich auf Vorurteile.

Meister Taisen Deshimaru (1914–1982)

Ausschnitt der Statue des liegenden Buddhas im Tempelbezirk der Shwedagon-Pagode in Yangon (Rangun), Myanmar

Wer Güte besitzt, besitzt Mut, doch wer mutig ist, ist nicht zwangsläufig gut.

Konfuzius (6.–5. Jh. v. Chr.)

Der 62-jährige Ven Vân Chiêù im Dorf Tri Tôm im Mekong-Delta, Vietnam

Wer den Krieg liebt, läuft in sein Verderben.
Doch auch wer den Krieg vergisst, ist in Gefahr.

Liu Xiang (1. Jh. v. Chr.)

Zwei Dorfbewohner spielen Schach auf dem öffentlichen Platz von Amarapura. Myanmar

Lang und kurz verweisen aufeinander,

hoch und tief neigen sich einander zu.

Stimme und Klang ertönen gemeinsam.

Vorne und hinten folgen aufeinander.

Laotse (6.–5. Jh. v. Chr.)

Mönche ziehen am Tempel Wat Sensoukharam vorbei, um die Einwohner von Luang Prabang
wie jeden Morgen um Nahrungsmittelspenden zu bitten. Laos

Der Gerechte belehrt den Ungerechten.

Der Ungerechte ist der Lernstoff des Gerechten.

Die feinsinnige Lehre nicht zu verehren,

das rohe Material nicht zu achten,

führt beides zu schweren Fehlern.

Wie groß das Wissen auch immer sein mag –

das Wesentliche bleibt ein Rätsel.

Laotse (6.–5. Jh. v. Chr.)

Tafelanschrift in der Grundschule eines Dorfs der Region Longji, China

写道：洗手的时候，日子从水盆里过去，吃饭的时候，日子从饭碗里过去……

过去的日子里，有些人白白浪费了大好时光。生最大的遗憾是时间不能倒流，珍贵的时间往往是去了以后才知道珍贵。珍贵自己的青春年华太要了！有珍惜时间的人，才能攀上理想的峰。

记住：——时间就是生命
        ——时间就是胜利
        ——时间就是财富

我感谢父母，因为他们养育了我
我感谢老师，因为他们培养了我
我感谢朋友，因为他们问候了我
我感谢身边的每一个人，因为他

脊校出版 2006.6.1

是大地，
地上的树苗，
的滋养
长出强壮枝叶。

是乘风破浪的船，
一根篙
那神圣的程

Das Wesen des Zen liegt in der vollständigen Verleugnung unseres Ichs und im vollständigen Durchdringen der Bestätigung dieses Ichs.

Meister Taisen Deshimaru (1914–1982)

Die 65-jährige Tinh Xan May im Dorf Ta Phin in ihrer traditionellen Alltagstracht, Vietnam

Alle Lebewesen auf der Welt sind nur eins. Was man schön findet,
sieht man als zauberhaft und wunderbar an, was man hässlich findet, gilt als stinkend
und verfault. Die Wahrheit ist, dass Gestank und Fäulnis
sich in Zauber und Wunder verwandeln und dass das Wunder und der Zauber
sich in Gestank und Fäulnis verwandeln.

Tschuang Tse (4. Jh. v. Chr.)

Mit Blumenschmuck heißt man in Myanmar Gäste willkommen.

Obgleich sie nicht dieselben sind, sind sie nicht unterschiedlich.

Obgleich sie nicht unterschiedlich sind, sind sie nicht identisch.

Obgleich sie nicht identisch sind, sind sie nicht mannigfaltig.

Deshalb gibt es im Leben eine Vielzahl von Existenzen; in ihnen gibt sich

die dynamische Ganzheit zu erkennen.

Meister Dogen (1200–1253)

Auf dem riesigen Friedhof in der Tempelanlage von Kōya-san befinden sich fast 200 000 Grabsteine von Samurais, Berühmtheiten und gewöhnlichen Menschen. Kōya-san liegt auf etwa 800 Metern Höhe südlich von Osaka. Japan

Nichts auf der Welt ist so weich und so schwach wie das Wasser.

Dennoch kann es das angreifen, was hart und stark ist.

Nichts vermag es zu übertreffen, niemand vermag ihm gleichzukommen.

Dass der Schwache die Kraft überwindet und das Weiche das Harte, ist allgemein

bekannt, aber niemand setzt dieses Wissen in die Praxis um.

Laotse (6.–5. Jh. v. Chr.)

Fischer auf dem Heimweg in sein Dorf am Ufer des Nam Ou, Laos

Biege dich, und du wirst ganz bleiben,
krümme dich, und du wirst wieder gerade gerichtet.
Leere dich, um erfüllt zu werden,
nutze dich ab, und du wirst verjüngt.
Besitze nur wenig, und dieses wenige wird Früchte tragen.
Besitze viel, und das viele wird verlorengehen.

Laotse (6.–5. Jh. v. Chr.)

Auftritt von Akrobaten im Shanghai Center Theater, China

Wer nachzugeben lernt, beherrscht die Macht.

Laotse (6.–5. Jh. v. Chr.)

Betender Mönch in der Shwedagon-Pagode, dem meistverehrten buddhistischen Heiligtum von Myanmar

Wer jemanden begrüßen möchte, muss seinen Platz verlassen.

Li Qu Li

Am Eingang zum Rengejo-in-Tempel in Kōya-san, einem der großen spirituellen Zentren Japans

Sich den Dingen anpassen, indem man zwischen ihnen Harmonie schafft,

das ist die Tugend;

sich mit den Dingen abfinden, indem man sich mit ihnen vereint –

das ist das Tao.

Tschuang Tse (4. Jh. v. Chr.)

Reisterrassen in der Region Longji (»Drachenrücken«), China

Was zu schließen ist, muss zuvor geöffnet worden sein,

was gebeugt werden soll, muss zuvor gerade gerichtet worden sein.

was zerstört werden soll, muss zuvor geschaffen worden sein,

und was beschlagnahmt werden soll, muss zuvor verteilt worden sein.

Das Weiche besiegt das Harte, das Schwache besiegt das Starke.

Laotse (6.–5. Jh. v. Chr.)

Die sechsjährige Nima Lhamo im Dorf Yugong hält einladend den *katak* hoch,
den traditionellen tibetischen Willkommens- und Glücksschal. China

Die Tugend ist Harmonie; der Weg ist Ordnung.

Die Tugend, die niemanden ausschließt, ist Güte;

der Weg, auf dem jeder seinen Platz findet, ist Gerechtigkeit.

Treue besteht darin, die Pflichten aller zu erfassen und dadurch die Menschen zu lieben.

Tschuang Tse (4. Jh. v. Chr.)

Beim traditionellen jährlichen Festmahl treffen sich die Dorfbewohner auf dem großen Platz von Kusunzhai
in der Provinz Yünnan. China

Ruhe ist die Grundlage des Begreifens und der richtigen Wahrnehmung. Ruhe ist Kraft.

Thich Nhat Hanh

Der 19-jährige Shin Yay Wata ist Mönch im Kloster Nat Htaung Tike, Myanmar

Ich überliefere nur – ich erfinde nicht.

Konfuzius (6.–5. Jh. v. Chr.)

Schüler der Grundschule im Dorf Ben Sop Jam bei ihrer ersten Prüfung, Laos

Erwachen bedeutet, Werte zu verändern. Das ist die Erleuchtung.

Meister Taisen Deshimaru (1914–1982)

Kirschblüte im Shinjuku-Gyoen-Park in Tokio, Japan

WEGE DER VOLLKOMMENHEIT

Wer zu der Erkenntnis gelangt, dass seine eigene Wahrheit nur eine Teilwahrheit ist,
die Irrtümern unterliegen kann, und dass die Irrtümer anderer häufig
eine in vielerlei Hinsicht lehrreiche Wahrheit beinhalten, wird sich freiwillig im
Hintergrund halten und seine Mitmenschen achten.

Liou Kia-hway

Die 18-jährige Nay in ihrem ersten Schuljahr als Lehrerin an der Grundschule im Dorf Ben Sop Jam, Laos

Komm näher – ich möchte dir Folgendes sagen:
Einen Greis nicht zu ehren bedeutet, die Sitten zu verletzen.
Den Weisen nicht zu ehren bedeutet,
die Ideale der Menschheit zu verleugnen.

Tschuang Tse (4. Jh. v. Chr.)

Ein Naxi-Bauer aus dem Autonomen Bezirk Dali in Yünnan auf dem Weg zum Wochenmarkt, China

Wenn man den Gegner und sich selbst kennt, kann man hundertmal gefahrlos kämpfen.

Wenn man sich selbst kennt, aber den Gegner nicht, wird man mal gewinnen und mal verlieren.

Kennt man weder sich selbst noch seinen Gegner, so verliert man stets.

Tschuang Tse (4. Jh. v. Chr.)

Eine Bewohnerin des Viertels bei Kampfsportübungen im Lu-Xun-Park in Shanghai, China

Die Tugend ist das Haus des Weisen, die Pflicht ist sein Weg,
die Höflichkeit sein Kleid, die Klugheit seine Fackel
und die Ehrlichkeit sein Siegel.

Tschuang Tse (4. Jh. v. Chr.)

Ruhender Mönch im Kloster Nat Htaung Kyaung in Bagan, Myanmar

Euer Ideal ist himmlisch, während meines nur menschlich ist.

Tschuang Tse (4. Jh. v. Chr.)

Junger Vater mit seinem Erstgeborenen im Dorf Ban Houey Ko am Ufer des Mekong, Laos

Das menschliche Leben ist die Konzentration des Atems: Dort, wo er sich konzentriert, gibt es Leben; wo er sich verliert, herrscht der Tod.

Tschuang Tse (4. Jh. v. Chr.)

Der Weg vom Dorf Hualoy zum Flussufer, an dem die Dorfbewohner fischen, Thailand

Das Glück ist leichter als eine Feder,
und niemand versteht es zu ergreifen.
Das Unglück ist schwerer als die Erde,
und niemand versteht es loszulassen.

Tschuang Tse (4. Jh. v. Chr.)

Der zweijährige Mashumei streckt den Arm bittend nach seiner Mutter aus. China

Großer Vollkommenheit scheint ein Mangel zu eigen,
doch sie bildet sich aus, ohne sich zu erschöpfen.
Große Fülle ist wie Leere,
doch sie wirkt, ohne zu verrinnen.
Große Rechtschaffenheit scheint falsch,
große Geschicklichkeit erscheint unbeholfen,
große Redegewandtheit scheint zu stammeln.

Laotse (6.–5. Jh. v. Chr.)

Die Schüler der Grundschule im Dorf Ben Sop Jam warten auf die Ergebnisse ihrer ersten Prüfung. Laos

Ein wahrer Krieger ist nicht kriegerisch,

ein wahrer Kämpfer ist nicht grausam,

ein wahrer Sieger meidet den Kampf,

ein wahrer Anführer bleibt seinen Leuten gegenüber bescheiden.

Laotse (6.–5. Jh. v. Chr.)

Der Mechaniker einer Fähre auf dem Irrawaddy, Myanmar

Wer nicht weiter schaut als bis zum Rande seines Blickfelds,

nicht mehr vernimmt, als seine Ohren hören, und sich nicht mehr erdenkt,

als ihm die Grenzen seines Geistes vorgeben – ein solcher Mensch besitzt

ein vorbildliches Gleichgewicht und passt sich dynamisch an.

Tschuang Tse (4. Jh. v. Chr.)

Ngwe Lar in seinem Holzhaus im Dorf Yay Tagon Taung, Myanmar

Der Weise bemüht sich, ohne zu kämpfen – das ist sein Weg.

Laotse (6.–5. Jh. v. Chr.)

In den Felsen des heiligen Huang-Shan-Gebirges, China

Der Weg des Kriegers fordert uns heraus:
Wir müssen unseren Kokon verlassen und uns in den Raum hineinwagen;
dabei müssen wir gleichzeitig verwegen und sanft sein.

Chögyam Trungpa (1939–1987)

Der achtjährige Moe Pcoint Phyu in der traditionellen Neujahrstracht im Kayin-Staat, Myanmar

Der Himmel und die Erde sind eins.

Ich und der Kosmos sind eins.

Alle Seinsformen sind eins.

Sie sind aus derselben Wurzel.

Sie haben einen einzigen Körper.

Der Weise hat kein Ego.

Jo Hoshi

Die Kirschblüte, in Japan Anlass für landesweite Feierlichkeiten, zieht Maler und Fotografen an.

Höflichkeit besteht darin, das Starke und das Schwache
ständig miteinander in Einklang zu bringen.

Huai Nan Tse

Thin Thin Aye und ihr erstes Kind im Dorf Tharanar, Myanmar

Wenn ich dich verletze, wird es auf mich zurückfallen.

Steve DeMasco, Kung-Fu-Meister

Buddha-Statue im Tempel Pha That Luang, der »Großen Stupa« in Vientiane, Laos

Wer den anderen kennt, ist klug.

Wer sich selbst kennt, ist weise.

Wer andere besiegt, hat Kraft.

Wer sich selbst besiegt, ist stark.

Wer sich durchsetzt, besitzt Willenstärke.

Wer sich begnügen kann, ist reich.

Wer seinen Platz nicht verliert, hat Dauer.

Wer auch im Tode nicht untergeht, ist ewig.

Laotse (6.–5. Jh. v. Chr.)

Die 85-jährige Daw Phwar Nyunt in Sagaing, einem der Hauptzentren des Buddhismus in Myanmar

Nach der Blüte kehrt alles zu seiner Wurzel zurück.

Die Rückkehr zur Wurzel heißt Ruhe.

Laotse (6.–5. Jh. v. Chr.)

In Empfangsräumen in Myanmar ist Blumenschmuck allgegenwärtig.

Grabe ein Loch für deinen Teich, ohne auf den Mond zu warten.

Wenn der Teich fertig ist, wird der Mond von selbst kommen.

Meister Dogen (1200–1253)

Zwei Reiter auf dem Heimweg zu ihrer Jurte im Altai-Massiv, Mongolei

Wir verharren im Anbeginn der Dinge, in dem zerbrechlichen Augenblick,

der die Kraft des Lebens in sich birgt. Wir leben am Morgen der Welt.

François Cheng

Eine junge Frau aus dem Dorf Nong Khiaw geht zum Wasserschöpfen an den Fluss. Laos

Einzeln fallen die Tautropfen.
Diese Welt ist perfekt.

Meister Issa (1763–1828)

Die Kirschblüte besitzt in der japanischen Kultur einen sehr hohen Symbolwert und ist die offizielle Pflanze Tokios. Japan

Die Schönheit überschattet den Mond und beschämt die Blumen.

Wang Shi Fu (13. – Beginn 14. Jh.)

Geisha beim Jidai-Matsuri-Fest, dem »Festival der Zeitalter« in Kyoto.
Gefeiert wird alljährlich der Umzug der Kaiserlichen Hauptstadt nach Kyoto im Jahr 794. Japan

Der Gesang der Vögel und der Insekten überträgt das Gesetz
des Universums ohne Worte.
Die Farben der Blumen und der Blätter lehren ohne Schrift
die Wahrheit der Welt.

Hong Zicheng (17. Jh.)

Auf den Kōya-san-Bergen finden Pilger in über hundert buddhistischen Tempeln mit herrlichen Meditationsgärten Unterweisung und Gastfreundschaft. Japan

Die alte Tanne lehrt Weisheit,
und der Schrei des Wildvogels drückt die Wahrheit aus.

Koan Zen

.

Bonsai-Baum in den Ende des 19. Jahrhunderts angelegten Gärten der Zhu-Dynastie
in Jianshui in der Provinz Yünnan, China

Wenn ich, ohne nachzudenken, einfach einem Regentropfen lausche,
der am Rande des Dachs auftrifft, so bin ich ich selbst.

Meister Dogen (1200–1253)

Traditionelle altchinesische Lampe im Dorf Zhouzhuang; Rot ist in China die Farbe des Glücks,
des Reichtums und der Leidenschaft.

Ich atme ein und bin die Blüte.
Ich atme aus und habe nun ihre Frische.

François Cheng

Die Kalligraphie von Ta Thuy Chi in einer alten vietnamesischen Schrift bedeutet »Geduld«.

DIE KUNST IST LEBEN,
DAS LEBEN IST KUNST

DIE KUNST, ZU LEBEN

Ein einziger Faden läuft meinen Weg des Lebens entlang und verbindet alles.

Konfuzius (6.–5. Jh. v. Chr.)

Après une journée aux champs, les villageois de Min Nan Thu regagnent leur foyer, Myanmar.

Sich den Sinn für die Verhältnismäßigkeit der Dinge
zu bewahren und ihnen ihren Platz zuzubilligen, ohne den eigenen zu verlieren –
im Welttheater ist dies ist das Geheimnis des
Erfolges.

Meister Okakura Kakuzo (1862–1913)

Morgenstimmung im Tempelbezirk des Sensō-ji-Tempels in Tokio, Japan

Der perfekte Mensch ist ohne Ich,
der inspirierte Mensch ist ohne Werk,
der weise Mensch hinterlässt keinen Namen.

Tschuang Tse (4. Jh. v. Chr.)

Der Steingarten Tenjuan in der Nähe des Nanzen-ji-Tempels in Kyoto entstand zu Beginn des 14. Jahrhunderts. Japan

Eine Tat, deren Größe der der Erde gleichkommt,
lässt sich durch einen einzigen Begriff auslöschen: den Stolz.
Ein Verbrechen, dessen Ausmaße denen des Himmels gleichkommen,
lässt sich durch einen einzigen Begriff auslöschen: die Reue.

Hong Zicheng (17. Jh.)

Betender Mönch in der Shwedagon-Pagode von Yangon (Rangun), dem meistverehrten
buddhistischen Heiligtum von Myanmar

Das Leben in Perspektive zu rücken bedeutet, einen Schritt zurückzutreten und festzustellen, dass wir alle nur kleine Fische in einem riesigen Teich sind.

Steve DeMasco, Kung-Fu-Meister

In Kōya-san bieten über hundert buddhistische Tempel mit aufwendig gestalteten Meditationsgärten Pilgern Unterweisung und Gastfreundschaft. Japan

Sein lassen, wachsen lassen,

sein lassen, nicht einfangen,

unterhalten, nicht unterwerfen,

dem Leben vorstehen, nicht töten.

Laotse (6.–5. Jh. v. Chr.)

Eine junge Mutter im Dorf Ben Sop Jam hält ihr erstes Kind im Arm. Laos

Der Weise wohnt wie die Wachtel, er ernährt sich wie das
Küken, und wie ein Vogel hinterlässt er keine Spuren.

Tschuang Tse (4. Jh. v. Chr.)

Mönche auf dem Weg zu den Pyatho-Feierlichkeiten in der Ananda-Pagode im Zentrum von Bagan, Myanmar

Ziehe Lebewesen groß und ernähre sie,
aber versuche nicht, sie dir untertan zu machen.
Arbeite, ohne etwas zu fordern,
gib Anleitung, aber beherrsche nicht.
Dies ist das Geheimnis der Tugend.

Laotse (6.–5. Jh. v. Chr.)

Der 58-jährige Ko Kyaw Shin besucht seinen achtjährigen Sohn Shin Thu Zana,
der als Novize im Kloster Lawka Nandar lebt. Myanmar

Ohne Wunsch, ohne Ziel,

ohne Suche, ohne Gedanken,

weder erlangen noch von sich weisen,

weder ergreifen noch zurücklassen –

frei sein.

Meister Taisen Deshimaru (1914–1982)

Zu einer Zeremonie betritt ein Mönch den buddhistischen Haeinsa-Tempel auf dem Berg Kaya, einen der drei »Juwelentempel« Koreas. Der Tempel ist dem zweiten der »drei Juwelen des Buddhismus« geweiht: dem Dharma oder den Lehren Buddhas.

Bemüht euch ständig um mehr Genügsamkeit.

Zen-Lehre

Die zehnjährige Su Su Htwe in Amarapura hat sich mit zerstoßener Thanaka-Rinde das Gesicht geschminkt. Myanmar

Wenn man stets ohne Begehren ist, betrachtet man das Wunderbare.
Wenn man stets begehrt, betrachtet man dessen Umgebung.

Laotse (6.–5. Jh. v. Chr.)

Beim Neujahrsfest der Kayin platzen die Stände der Händler schier aus den Nähten. Myanmar

Geben bedeutet loslassen:
Einfach nichts mehr festhalten bedeutet geben.

Meister Shunryu Suzuki (1904–1971)

Ein junger Mönch holt Wasser vom Brunnen. Myanmar

Es bleibt für euch nichts anderes mehr zu tun, als zu lachen.

Zen-Lehre

Kinder im Dorf Ban Hat Ya am Ufer des Nam Ou, Laos

Denken bedeutet, die komplexe Realität, die von ihrem Wesen her konkret und unteilbar ist, in Ideen zu zerteilen, die in sich abgeschlossen und miteinander unvereinbar sind.

Liou Kia-hway

Zwei Mönche besuchen den Urwaldtempel Ta Phrom in Angkor. Kambodscha

Gemeinsam zu leben ist eine Kunst.

Thich Nhat Hanh

Die Kunst ist das innerste Wesen des Lebens.

Unsere Worte und Taten sollten von Kunst erfüllt sein. Das innerste Wesen

der Kunst ist das wache Bewusstsein.

Thich Nhat Hanh

Mit ihrem Sohn an ihrer Seite webt Phathommy ein Umschlagtuch. Ben Sop Jam, Laos

Ich kann nicht versprechen, dass Selbstdisziplin zum Erfolg führt,
aber ich kann dir versichern,
dass das Fehlen von Selbstdisziplin Scheitern nach sich zieht.

Steve DeMasco, Kung-Fu-Meister

Saeng Sae Kee (links) trainiert mit seinem Kampfsportmeister Sitta Wangtarawut. Thailand

Zu wissen, dass selbst der Weise nicht alles wissen kann,

bleibt das höchste Wissen.

Tschuang Tse (4. Jh. v. Chr.)

Borobudur, heute Kultzentrum und Wallfahrtsziel, entstand vermutlich im 8. und 9. Jahrhundert und ist eine der größten buddhistischen Tempelanlagen Südostasiens. Es gehört seit 1991 zum Weltkulturerbe der UNESCO. Indonesien

Wer weiß, redet nicht;
wer redet, weiß nicht.

Laotse (6.–5. Jh. v. Chr.)

Dorfbewohnerin, die zum Meditieren in eine Pagode in Bagan gekommen ist, Myanmar

Die Kunst und das Leben sind eins.

François Cheng

Einer der Mitwirkenden beim Jidai-Matsuri-Fest in Kyoto beim Mittagsimbiss, Japan

DIE KUNST, ZU SIEGEN

Es lohnt nicht die Mühe, sich wogegen auch immer zu widersetzen oder davor zu fliehen.

Es ist nutzlos, hinter etwas herzulaufen – was immer es auch sein mag.

Meister Taisen Deshimaru (1914–1982)

Nach dem Ende der Pyatho-Feiern kehren die Mönche zu ihrem Kloster unweit Bagan zurück. Myanmar

Was ersehnst du tatsächlich im Leben?
Das ist die einzige wichtige Frage. Sobald man sie beantworten kann,
hat man ein Ziel, und wer ein Ziel hat, hat eine Richtung.

Steve DeMasco, Kung-Fu-Meister

In den Gärten des Shintō-Schreins Heian Jingu, »Schrein des Friedens und der Stille« in Kyoto, Japan

Ihr könnt den Vogel Sorge nicht daran hindern, über eurem Kopf zu fliegen,

aber ihr könnt ihn daran hindern, in eurem Haar sein Nest zu bauen.

Chinesisches Sprichwort

Die zwölfjährige Pinkdala im Dorf Ban Houey Ko am Ufer des Mekong, Laos

Disziplin bedeutet oft, Dinge zu tun, die zu tun man keine Lust hat.

Steve DeMasco, Kung-Fu-Meister

Ein tibetischer Meister begibt sich zum abgelegenen Dorf Shadé in Zanskar,
um dort eine Initiationszeremonie abzuhalten. Indien

Denkt daran, die Reise Schritt für Schritt und in jedem einzelnen Augenblick zu leben. Es gibt keine Abkürzungen.

Steve DeMasco, Kung-Fu-Meister

Der 19-jährige Shin Yay Wata ist Mönch im Kloster Nat Htaung Kyaung in Bagan, Myanmar

Wer sich der Welt bemächtigen will, um sich ihrer zu bedienen,

geht der Niederlage entgegen.

Die Welt ist ein heiliges Gefäß, das man nicht an sich reißen,

dessen man sich nicht bedienen kann.

Wer es benutzt, zerstört es.

Wer es in seinen Besitz bringt, verliert es.

Laotse (6.–5. Jh. v. Chr.)

Die Shwedagon-Pagode in Yangon (Rangun), das meistverehrte buddhistische Heiligtum von Myanmar, entstand hundert Jahre nach der Geburt Buddhas.

Eure Fähigkeit, durchzuhalten und eure Faust unermüdlich
der Schwäche entgegenzurecken,
wird darüber bestimmen, ob ihr gewinnt oder verliert.

Steve DeMasco, Kung-Fu-Meister

Ein blutjunger Novizen beim Spielen im Hof des Klosters Lan Tayar, Myanmar

Bevor es zu einer greifbaren Realität wird, ist jedes Phänomen im Keim vorhanden.
Der Weise geht mit Keimen sehr sorgfältig um.

Han Fei Zi

Die fruchtbaren Ufer und das fischreiche Gewässer des Taungthaman-Sees
ernähren sämtliche Bauern der Region. Myanmar

Alles, was sich erhebt, ruht auf einer Grundlage.

Laotse (6.–5. Jh. v. Chr.)

Der buddhistische Sensō-ji-Tempel ist der Bodhisattva Kannon, der Göttin der Barmherzigkeit, geweiht und wird als ältester Tempel Tokios hochverehrt. Japan

Das Kleine groß machen

und aus dem Wenigen viel machen.

Ein großes Werk vollbringen,

indem man klein anfängt.

Großartige Aufgaben

müssen mit kleinen Schritten bewältigt werden.

Laotse (6.–5. Jh. v. Chr.)

Ganz gleich, wie fortschrittlich oder frei ein Volk ist – die Zärtlichkeit zwischen einer Mutter und ihrem Kind ist und bleibt dieselbe. Myanmar

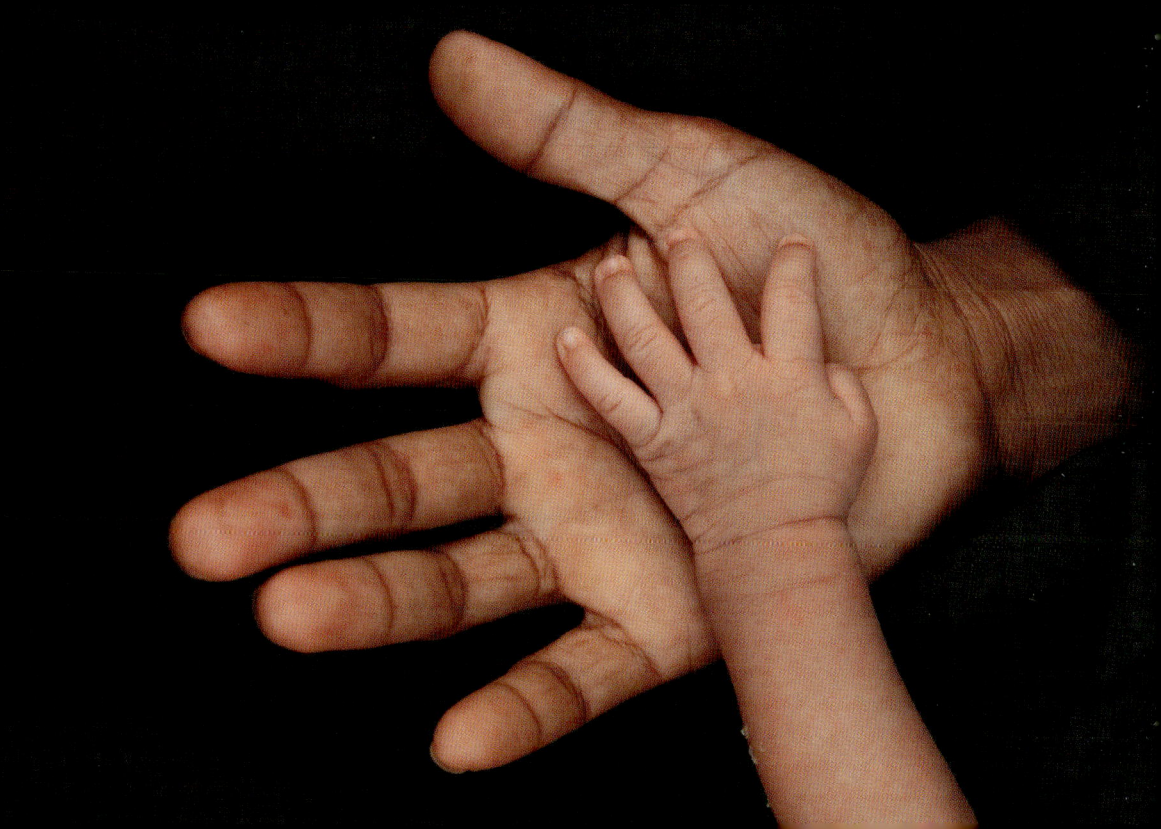

Auch eine tausend Meilen lange Reise beginnt mit einem einzigen Schritt.

Laotse (6.–5. Jh. v. Chr.)

Im Frühling überquert eine Karawane in Zanskar den 4400 Meter hohen Pensi-Pass. Indien

In dem Maße, in dem ein Mensch voranschreitet, gewinnt sein Gewissen an Gewicht,
und er wird zum Herrn über sich selbst.

Ananda W. S. Guruge

Wie viele Chinesen praktiziert ein Bewohner Pekings auf dem Weg zur Arbeit Tai-Chi.

Denkt an den Ort, auf den ihr eure Füße setzt.

Inschrift auf der Tür der Zen-Dojos

Kōya-san, das Zentrum der esoterisch-buddhistischen Shingon-Sekte, wurde 816 von Kukai gegründet. Kukai erhielt nach seinem Tod 835 den Ehrentitel Kōbō Daishi. Japan

Wer unruhig ist, vollbringt nichts; wer etwas vollbringt, kennt keine Unruhe.

Feng Meng Long (1574–1645)

Eine Naxi-Bäuerin auf dem Wochenmarkt in der Region Dali in Yünnan, China

Der ideale Krieger muss Traurigkeit und Zärtlichkeit empfinden,

denn aus ihnen schöpft er seine Tapferkeit. Ohne diese Traurigkeit, die der Tiefe

des Herzens entspringt, ist die Tapferkeit so zerbrechlich

wie eine Porzellantasse.

Chögyam Trungpa (1939–1987)

Der sechsjährige Lang vor einer typischen Hütte des Mlabri-Stammes in seinem Heimatdorf Huany Yuak, Thailand

Mutig zu sein, ohne Mitgefühl zu kennen,

großzügig zu sein, ohne Mäßigung zu kennen,

Herrscher zu sein, ohne Demut zu kennen,

das alles führt zum Tod.

Laotse (6.–5. Jh. v. Chr.)

Geschnitzte Holzfiguren unter dem Vordach des Haeinsa-Tempels aus dem 9. Jahrhundert, der dem Dharma oder den buddhistischen Schriften gewidmet ist, dem zweiten der drei Juwelen des Buddhismus. Korea

Vergleicht man den, der in der Schlacht
Abertausende besiegt hat,
mit dem, der sich selbst besiegt hat,
dann ist Letzterer der größere Sieger.

Meister Ok-Sung Ann-Baron (6. Jh. v. Chr.)

Saeng Sae Kee, ein Schüler des Kampfsport-Meisters Sitta Wangtarawut, Thailand

Der wahre Mut ist die Frucht der Zärtlichkeit. Er überkommt uns,
wenn wir der Welt gestatten, unser Herz zu streifen – unser Herz, das so schön
und so nackt ist. Wir sind dann bereit, uns zu öffnen,
ohne Rückhalt und ohne Scheu, und uns der Welt zu stellen … Wir sind dann bereit,
unser Herz mit anderen zu teilen.

Chögyam Trungpa (1939–1987)

Die 26-jährige Seng mit ihrem Baby im Dorf Ban Houey Ko am Ufer des Mekong, Laos

Wenn man dir zuhört, sei zufrieden; wenn man dir nicht zuhört, so sei es auch.

Menzius (um 372–289 v. Chr.)

Mitwirkender bei einem Umzug anlässlich des Jidai-Matsuri-Festes, das an verschiedene
historische Epochen Kyotos erinnert, Kyoto, Japan

224

Es gibt kein größeres Verbrechen als das,
seine Wünsche nicht in Zaum halten zu können.
Es gibt kein größeres Unheil als das,
sich nicht begnügen zu können.
Es gibt kein größeres Unglück als jenes,
das durch Neid verursacht wird.
Wenn man dagegen imstande ist, sich zu begnügen,
fehlt es einem nie an etwas.

Laotse (6.–5. Jh. v. Chr.)

Dorfbewohnerin aus dem Autonomen Gebiet der Zhuang, China

DIE KUNST, ZU LIEBEN

Man kann das Beste in sich selbst nur erkennen,

wenn man das Beste im anderen erkannt hat.

François Cheng

Auf der Insel Adang im maritimen Nationalpark Tarutao, Thailand.

Ihr müsst wissen, dass sich das Herz insgeheim mit dem Herzen verständigt.

Meister Dogen (1200–1253)

Die 78-jährige Keo und ihre Enkelin im Dorf Ben Sop Jam, dessen Bewohner sich auf die Herstellung von Umschlagtüchern spezialisiert haben, Laos

Gut mit den Guten,

gut mit jenen, die böse Absichten haben,

denn die Tugend ist Güte.

Loyal angesichts der Treue,

loyal angesichts der Untreue,

denn die Tugend ist Loyalität.

Das Wesen des Weisen erstaunt die Menschen

und eint sie.

Laotse (6.–5. Jh. v. Chr.)

Mönche auf dem Weg zur Ananda-Pagode im Zentrum Bagans zu Feiern anlässlich des Vollmonds im Pyatho, dem zehnten Monat des birmanischen Kalenders, Myanmar

Auch das, was alle Augen sehen und worauf alle Hände weisen,

erfordert volle Aufmerksamkeit.

Chinesisches Sprichwort

Ein Säugling vom Stamm der Hani in der Provinz Yünnan erwacht im Umschlagtuch auf dem Rücken seiner Mutter aus seinem Mittagsschlaf. China

236

Die Fähigkeit, im Hintergrund zu bleiben, und die tief empfundene Achtung vor den anderen stellen die beiden Tugenden dar, mit denen der Weise hofft, der Welt den Frieden schenken zu können.

Liou Kia-hway

Der Bambuswald beim Hokoku-ji-Tempel in Kamakura, Japan

Etwas zu wissen ist nicht so viel wert, wie etwas zu lieben.

Etwas zu lieben ist nicht so viel wert,

wie seine größte Freude daran zu haben.Konfuzius

Konfuzius (6.–5. Jh. v. Chr.)

Die 13-jährige Ei Ei Phyo hat sich mit zerstoßener Rinde des Thanaka-Baums fantasievoll bemalt. Myanmar

Größer als Himmel und Erde zusammen,

erfüllt der Geist jeden Ort, ohne Spuren zu hinterlassen.

Aberwitzig ist, wer versucht, in seinen Geist zu schauen,

um die Leere zu messen und den Wind darin gefangen zu halten.

Mönch Hamwol

Der Fluss Li in der Region Guangxi diente in allen Epochen den chinesischen Malern als Inspiration. China

Liebt alle Lebewesen der Welt auf gleiche und universelle Art.
Das Universum ist Eins.

Tschuang Tse (4. Jh. v. Chr.)

Flussschiffer beim Hüten seiner Enten auf dem Taungthaman-See in Myanmar

Das Verstehen bildet die Grundlage der Liebe.

Thich Nhat Hanh

Die zehnjährige Hang Thi Chi und ihre beste Freundin, die zwölfjährige Cheo Su May, im Dorf Ta Van, Vietnam

Der Vertriebene besitzt nichts Materielles, was er zu seinem Schatz erklären könnte.

Menschen, die Mitgefühl zeigen und zu seinen Vertrauten werden, sind sein Schatz.

Tseng Tse (4. Jh. v. Chr.)

Ein Reisender besteigt während der Monsunzeit eine Fähre in Myanmar.

Vernehmt das, was sie nicht sagen.

Steve DeMasco, Kung-Fu-Meister

Der achtjährige Karmastin trägt bei den Feiern zum tibetischen Neujahr im Dorf Yugong in der Region Kham
die traditionelle Pelzmütze aus Schneeleopardenfell. China

Das Ausmaß deines Glücks hängt ab vom Ausmaß der Freiheit in deinem Herzen.

Thich Nhat Hanh

Nach der Feier anlässlich des Pyatho-Vollmonds kehren die Mönche zu ihrem Kloster bei Bagan zurück. Myanmar

Der Weise widmet sein Leben der Rettung von Menschen,
ohne jemals einen abzuweisen.

Laotse (6.–5. Jh. v. Chr.)

Betender Mönch an einem beschaulichen Nachmittag in Bagan, Myanmar

Un jour, on l'appelle: "Maman". Elle le reste toute sa vie.

Cao Xue Qin (1715–1763)

Yuphin Saelee, 25 ans, et son premier enfant, Tanachot Uhphadee, 7 mois, Thaïlande.

Weisheit ist nicht nur die Vervollkommnung des Selbst, sondern auch die wirksamste Form der Menschenliebe.

Tseng Tse (4. Jh. v. Chr.)

Die 17-jährige Thongbay im Tempel Pha That Luang, der »Großen Stupa« in Vientiane, Laos

Die Sitzposition des Zen bedeutet, dass man sich selbst nahekommt.
In der Zen-Haltung retten wir automatisch, natürlich und unbewusst
die kosmische Ordnung.

Meister Taisen Deshimaru (1914–1982)

Im Hakusasonso-Garten, den der japanische Maler Kansetsu Hashimoto 1916 für sein Wohnhaus in Kyoto entwarf. Japan

Träume ich, dass ich träume?

Tschuang Tse (4. Jh. v. Chr.)

An der Shwedagon-Pagode in Yangon (Rangun) wartet ein kleines Mädchen auf die Rückkehr
seiner Mutter vom Beten. Myanmar

Die dem Leben innewohnende Wahrheit tritt nur durch den Austausch zwischen den vielen einzelnen Wesen zutage.

François Cheng

Teich in den Ende des 19. Jahrhunderts angelegten Gärten der Zhu-Dynastie in Jianshui in der Provinz Yünnan. China

Das wahre Erwachen besteht darin, sich am Glück der anderen zu erfreuen. So entsteht Mitgefühl.

Meister Taisen Deshimaru (1914–1982)

Die 25-jährige Chao No May aus dem Dorf Ta Phin in ihrer traditionellen Alltagstracht, Vietnam

Unsere wahre Heimat ist das Jetzt.
Im gegenwärtigen Augenblick zu leben ist ein Wunder.

Thich Nhat Hanh

Zwei junge Frauen in der Region Chiang Rai beim Schaukeln, einem beim Akha-Stamm sehr beliebten Zeitvertreib, Thailand

Die Kalligraphie von Ta Thuy Chi in einer alten vietnamesischen Schrift bedeutet »Langes Leben«.

GROSSE FÜLLE

Im Äußerlichen begreife ich das Wesen der Schöpfung.

Innerlich erfasse ich die Quelle meiner Seele.

Chang Tsao (12. Jh.)

Vom Dschungel überwucherte Ruinen des Tempels Beng Mealea in Angkor, Kambodscha

Der Kosmos und das Universum sind im Hier und Jetzt,

die unendliche Vergangenheit wie die unendliche Zukunft,

die Ewigkeit liegt im Hier und Jetzt.

Meister Dogen (1200–1253)

Nach einem Tag auf den Feldern kehren die Bauern von Min Nan Thu nach Hause zurück, Myanmar

Die absoluten Prinzipien bleiben unausgesprochen.

Tschuang Tse (4. Jh. v. Chr.)

Der erst siebenjährige Novize Shin Nya Na in Sagaing, einem der bedeutendsten buddhistischen Zentren von Myanmar

Weise ist, wer auch das hört, was keinen Klang hat, und auch das sieht,
was keine Form besitzt.

Zen-Meister

Kirschblüte am Kanei-ji-Tempel im Park Ueno Onshi in Tokio, Japan

Die große Fülle ist wie leer und damit unerschöpflich.

Laotse (6.–5. Jh. v. Chr.)

Im Garten des Rengejō-in-Tempels in Kōya-san, einem der großen spirituellen Zentren Japans

Das Eine ist alle Dinge.
Alle Dinge sind Eins.

Meister Taisen Deshimaru (1914–1982)

Der Kokonor-See im Norden Tibets, 3200 Meter über dem Meeresspiegel,
ist einer der größten Süßwasserseen Asiens. China

Die Ausübung ist in sich selbst das perfekte Erwachen.

Meister Dogen (1200–1253)

Kette von *chörten*, Kultbauten des tibetischen Buddhismus, vor dem 6740 Meter hohen heiligen Berg Kawagabu, China

Bibliografie

Bashô, Issa, Buson, Shiki et Taïgi, *Les Grands maîtres du Haïku*, © Éditions Dervy, 2003.

Buddha, *Paroles du Bouddha*, © Éditions Albin Michel, 1993.

Cheng, François, *Le Dialogue*, © Desclée de Brouwer, 2002.
Vide et plein, Le langage pictural chinois, © Éditions du Seuil, 1991.
»Les tribulations d'un Chinois en France«, revue Lire, April 2004, © François Cheng/Lire/April.
»Pour les Chinois, la ligne de vie est une courbe«, Télérama, n° 2704, November 2001.

Cleary, Thomas, *La Voie du Samouraï, Pratiques de la stratégie au Japon*, © Éditions du Seuil, 1992.

DeMasco, Steve, *The Shaolin way*, Harper Collins, © Steve DeMasco, 2005.

Deshimaru, Taisen, *L'Esprit du Ch'an*, © Albin Michel, 2000.

Meister Dogen, *La Vraie Loi, Trésor de l'Œil*, © Éditions du Seuil, 2004.
Polir la lune et labourer les nuages, © Albin Michel, 1998.
Le Trésor du zen, kommentiert von Taisen Deshimaru, © Éditions Albin Michel, 2003.

Guruge (Ananda W. P.), *Le Bouddhisme dans la vie moderne Hong Zicheng, Propos sur la racine des légumes*, © Éditions Zulma, 2002.

Konfuzius, *Entretiens*, Übersetzung, Einführung und Kommentar von Pierre Ryckmans, © Gallimard, 1987.

Laotse, *Tao te king*, © Albin Michel.
La Voie et sa vertu Tao-tê-king, © Éditions du Seuil, 1979.

Lenoir, Frédéric et Tardan-Masquelier, *Ysé, Le Livre des Sagesses*, © Éditions Bayard, 2005.

Lévi, Jean, *Confucius*, © Flammarion, 2003.

Maxi proverbes chinois, zusammengestellt von Patrice Serres, © Presse du Châtelet, 1999.

Okakura, Kakuzo, *Le Livre du thé*, © Philippe Picquier, 2006.

Pigani, Erik, *Soyez Zen*, © Presses du Châtelet, 2007.

Propos et anecdotes sur la vie selon le Tao, précédé de Jardin d'anecdotes, vorgestellt von Jacques Pimpaneau, © Philippe Picquier, 2002.

Robinet, Isabelle, *Comprendre le Tao*, © Éditions Bayard, 1996.

Sun Tzu, *L'Art de la guerre*, übersetzt und kommentiert von Jean Lévi, © Hachette Littératures, 2000.

...uzuki, Shunryu, *Esprit Zen, esprit neuf*, © Édi-
...ons du Seuil, 1977.

...chuang Tse, *Œuvre complète*, Übersetzung,
...orwort und Anmerkungen von Liou Kia-hway,
... Gallimard/Unesco, 1969.

...hich Nhat Hanh, *La Plénitude de l'instant, Vivre
...n pleine conscience* (Heute achtsam leben), © Édi-
...ons Dangles, 1994.
»Taming the Tiger Within«, Riverhead Books,
... Unified Buddhist Church, 2004 – Konferenz vom
...4.1996, Mutualité de Paris.

...okitsu, Kenji, *La Voie du karaté, Pour une théorie
...es arts martiaux japonais*, © Éditions du Seuil, 1979.

...rungpa, Chögyam, *La voie sacrée du guerrier*,
... Éditions du Seuil, 1990.

...seng Tse, *La Grande Étude*, © Éditions du Cerf,
...984.

...erin, Marc, et Morillot, Juliette, *La Corée,
...rre des esprits*, © Éditions Hermé, 2003.

...Vatts, Alan, *L'Esprit du zen*, © Éditions Dangles,
...976.

Autorenverzeichnis

Dieser Band basiert auf der Publikation »Die Weisheit Asiens – Tag für Tag«,
die 2007 im Knesebeck Verlag erschien.

Die von Danielle und Olivier Föllmi konzipierte Reihe »Weisheit der Welt – Tag für Tag« umfasst die im Folgenden
aufgezählten sieben Bände, die zwischen 2003 und 2009 erschienen.

Für die vorliegende Publikation wurden diese zusammengefasst und überarbeitet:

- Die Weisheit des Buddhismus Tag für Tag
- Die Weisheit Indiens Tag für Tag
- Die Weisheit Afrikas Tag für Tag
- Die Weisheit Lateinamerikas Tag für Tag
- Die Weisheit Asiens Tag für Tag
- Die Weisheit des Orients Tag für Tag
- Die Weisheit des Abendlandes Tag für Tag

Titel der Originalausgabe: »Éveils. 130 pensées de sages d'Asie«
Erschienen bei Éditions de La Martinière, Paris, 2010
Copyright © 2010 Éditions de la Martinière

Deutsche Erstausgabe
Copyright © 2011 von dem Knesebeck GmbH & Co. Verlag KG,
München
Ein Unternehmen der La Martinière Groupe

Umschlaggestaltung: Leonore Höfer, Knesebeck Verlag
Satz: satz & repro Grieb, München
Herstellung: VerlagsService Dr. Helmut Neuberger & Karl Schaumann
GmbH, Heimstetten
Druck: TOPPAN, Leefung
Printed in Singapore

ISBN: 978-3-86873-375-4